# Todos mercemos que r VALOREN con Zoe

Un libro sobre el respeto

**Marie-Therese Miller**

ediciones Lerner ◆ Mineápolis

La misión de Sesame Street siempre ha sido enseñarles a los niños mucho más que solo el abecedario y los números. Esta serie de libros que promueven rasgos de la personalidad positivos como la generosidad, el respeto, la empatía, el pensamiento positivo, la resiliencia y la persistencia ayudarán a los niños a crecer y convertirse en la mejor versión de ellos mismos. Por eso acompaña a tus amigos divertidos y peludos de Sesame Street mientras aprenden a ser más inteligentes, más fuertes y más amables y le enseñan a serlo a todo el mundo.

Saludos. Los editores de Sesame Street

# CONTENIDO

# ¿Qué es el respeto?

Todos somos especiales. ¡Todos merecemos respeto!

Respetar significa tratar a otras personas de la manera que te gustaría que te traten.

# Demostrar respeto

Demuestra respeto cuando hablan tus amigos.

Escucha en silencio.

Yo escucho cada palabra que Slimey dice.

# Usa palabras amables cuando hablas.

Yo siempre digo *por favor* y *gracias.*

**Di *por favor* y *gracias.***

# Actúa con respeto.

A mi hermana Julia no le gustan los abrazos habituales. Entonces nos damos abrazos de estrella de mar con las manos.

Demuestra amabilidad y comprensión.

Es posible que las personas hagan cosas
de forma diferente a como tú las haces.

¿Cómo puedes respetar a alguien que hace algo de forma diferente?

Se merecen tu respeto.

13

Es posible que las personas tengan ideas diferentes a las tuyas.

Beto y yo no siempre estamos de acuerdo. Igual es mi amigo.

También se merecen tu respeto.

# Sigue las reglas en la escuela y en tu hogar.

¿Por qué crees que es importante respetar a tus maestros y a tus padres?

ABCD

# Respeta tus pertenencias.

¡Mis libros con cuentos de hadas están siempre brillantes!

Cuida mucho tus juguetes y tus libros.

Elige comidas saludables. Duerme bien y haz ejercicio. Trata a todos con respeto, ¡incluso a ti!

¿De qué otra manera puedes demostrarte respeto?

# ¡SER UN AMIGO!

Representa una obra con un amigo o amiga. Imagina que eres el maestro o la maestra y la otra persona es un estudiante nuevo en tu aula. Tus personajes se demuestran respeto entre sí. ¿De qué manera demuestran respeto? ¿Cómo están hablando con respeto? ¡Actúalo!

# Glosario

**brillante:** que brilla

**comprensión:** que es amable y tolerante

**diferente:** no de la misma manera

**hacer ejercicio:** mover el cuerpo

**idea:** un pensamiento u opinión

**pertenencias:** cosas que son tuyas

## Más información

Miller, Marie-Therese. *Aprecio con Beto y Enrique: Un libro sobre la empatía.* Mineápolis: ediciones Lerner, 2024.

Miller, Pat Zietlow. *Be Kind.* Nueva York: Roaring Brook, 2018.

Murphy, Frank. *Stand Up for Respect.* Ann Arbor, MI: Cherry Lake, 2019.

## Índice

# Créditos por las fotografías

Para mi familia de entusiastas de Sesame Street:
John E., Michelle, Meghan, John Vincent, Erin, Elizabeth y Greyson

Traducción al español: ® and © 2024 Sesame Workshop. Todos los derechos reservados.
Título original: *Everyone Has Value with Zoe: A Book about Respect*
Texto: ® and © 2021 Sesame Workshop. Todos los derechos reservados.
La traducción al español fue realizada por Zab Translation.

ediciones Lerner
Una división de Lerner Publishing Group, Inc.
241 First Avenue North
Mineápolis, MN 55401, EE. UU.

Si desea averiguar acerca de niveles de lectura y para obtener más información, favor consultar este título en www.lernerbooks.com.

Fuente del texto del cuerpo principal: Billy Infant. Fuente proporcionada por SparkyType.

**Library of Congress Cataloging-in-Publication Data**

Names: Miller, Marie-Therese, author.
Title: Todos merecemos que nos valoren con Zoe : un libro sobre el respeto / Marie-Therese Miller.
Other titles: Everyone has value with Zoe. Spanish
Description: Minneapolis : ediciones Lerner, [2024] | Series: Guías de personajes de Sesame Street en Español | Translation of: Everyone has value with Zoe. | Includes bibliographical references and index. | Audience: Ages 4–8 | Audience: Grades K–1 | Summary: "What does respect look like? With help from their Sesame Street friends, young readers learn how to show respect to parents, their teachers, and themselves. Now in Spanish!"—Provided by publisher.
Identifiers: LCCN 2023017479 (print) | LCCN 2023017480 (ebook) | ISBN 9798765608272 (lib. bdg.) | ISBN 9798765623336 (pbk.) | ISBN 9798765612651 (epub)
Subjects: LCSH: Respect for persons—Juvenile literature. | Respect—Juvenile literature. | BISAC: JUVENILE NONFICTION / Social Topics / Values & Virtues
Classification: LCC BJ1533.R42 M5518 2024 (print) | LCC BJ1533.R42 (ebook) | DDC 179/.9—dc23/eng/20230612

Fabricado en los Estados Unidos de América
1-1009530-51466-5/8/2023